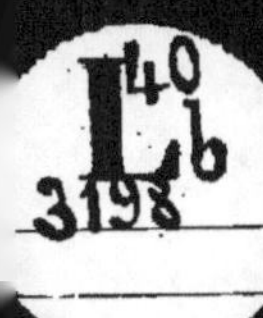

DISCOURS

PRONONCÉ

A LA SOCIÉTÉ

DES AMIS DE LA LIBERTÉ
ET DE L'ÉGALITÉ,

Séante aux ci-devant Jésuites, le 25 Novembre 1792, l'an premier de la République Belgique.

Par le Citoyen J. F. BARET.

Simplicité, force & vérité.

A BRUXELLES,

Chez F. Hayez, rue de l'Escalier.

1792, l'an premier de l'Ere Française,

L'an premier de la Liberté Belgique.

DISCOURS

Prononcé à la Société des Amis de la Liberté &
de l'Egalité, féante aux ci-devant Jéfuites, le
25 Novembre 1792, l'an premier de la Liberté
Belgique.

Tout homme doit à fes freres, à fes amis l'hom-
mage de fes fentimens, le tribut de fon opinion.
Il doit même donner à fes concitoyens l'exemple
de parler hautement, dût il fe tromper, pourvu que
dans des queftions qui intéreffent tous les individus, il s'explique avec fincérité, parce qu'il ne
doit redouter perfonne; avec clarté & précifion,
pour être entendu de tout le monde; avec fim-
plicité, parce qu'il n'eft pas permis de chercher
à féduire, parce qu'il ne doit avoir d'autre art
que de parler au peuple avec le refpect qu'il lui
doit fans s'abaiffer à le flatter.

Si nous voulons mettre de l'ordre dans les dif-
cuffions qui vont occuper cette Société, il faut
nous pénétrer de notre véritable fituation. J'y
expoferai les lumieres que les occafions où je
me fuis vu m'ont permis de recueillir: mon unique but eft de montrer la vérité toute nue avec
toute la franchife d'un républicain, bien décidé
à ceffer de vivre plutôt que de jamais recon-
noître un maître.

La Belgique fe trouve dans une pofition unique, & en même tems la plus heureufe.

Tous fes citoyens ont eu l'occafion d'étudier
les intérêts de la patrie dans les débats politi-
ques & civils qu'a fait naitre la derniere révolution. Chacun a pu connoître ce qui l'a empê-
ché de réuffir; &, fi ce n'étoit point un blafphème

de féliciter un peuple d'avoir repris ſes fers, je regarderois comme un bonheur pour la Belgique d'avoir été contrainte de plier de nouveau ſa tête altiere ſous le joug autrichien, parce que dans cette eſpece de calme qu'a produit la rentrée des Allemands, les eſprits ont eu le tems de méditer, d'approfondir les cauſes publiques & ſecrettes de leurs maux.

Les Belges, quoiqu'en aucun tems ils n'aient ceſſé de déſirer d'être libres, même lorſqu'ils paroiſſoient les plus ſoumis à leurs prétendus maîtres, bourguignons, eſpagnols ou allemands, les Belges ſe ſont trouvés en 1789 étonnés du prodige que leur courage ſeul avoit opéré; ils ont cru que ce courage ſeul ſuffiſoit pour conſerver leur liberté. Il auroit ſuffi ſans doute, s'ils n'avoient eu à la défendre que contre la force; mais trop confians dans les premiers ſuccès de leurs armes, trop confians dans les promeſſes perfides des rois, comme ſi des rois pouvoient jamais être les amis d'un peuple, aveuglés par des inſinuations trompeuſes, les Belges n'ont pas vu, ou n'ont vu que trop tard qu'ils étoient les victimes de l'intérêt perſonnel & de la politique inſidieuſe de leurs chefs, & que les fiers vainqueurs de la liberté étoient les ſerviles inſtrumens du complot obſcur de quelques valets qui vouloient jouer leur maître. Je m'explique, il n'eſt plus tems de feindre, Belges, quand il s'agit de vous ſauver.

Joſeph II, je parle de l'homme, non du roi, puiſſe ce nom funeſte être à jamais oublié! Joſeph II, à l'aide de quelques connoiſſances ſuperficielles qu'il avait acquiſes dans ſes voyages, s'étoit apperçu que le peuple s'éclairant par-tout, alloit reprendre ſa puiſſance; il crut pouvoir le ſéduire par un ſiſtême en apparence démocrate; mais ſes miniſtres plus deſpotes que lui-même, comme

ils le font par-tout ailleurs , fes miniftres ne pouvoient voir d'un œil favorable des changemens
qui expofoient un peu trop leur geftion aux yeux
du public. Le vieux Kaunitz , qui depuis qua-
rante ans gouvernoit par routine , ne pouvoit plier
fon antique orgueil aux leçons d'un jeune homme.
Il s'affocia tous les valets fubalternes de fa dépen-
dance , & perfonne dans les Pays-Bas ne pouvoit
mieux que les *Crumpipen* feconder les vues de fon
ambition.

Les Crumpipen ! je les ai nommés , ils font
les premiers agens d'une erreur fi fatale à toute
la Belgique.

Les Crumpipen ne s'occuperent que des moyens
de fe faire un parti puiffant dans le peuple , en
s'appuyant des ariftocraties monacales , féoda-
les , adminiftratives , judiciaires , qui ont toujours
été les bafes du trône des ufurpateurs.

Belges , comment a-t-on pu fafciner vos yeux
au point de vous faire croire , que toutes ces caftes
privilégiées ne travailloient que pour vous ? Comment ne vous-êtes vous pas apperçus que les
moines n'étoient agités que par la crainte de voir
diminuer leurs revenus ? Que les nobles ne travailloient qu'à vous faire fupporter feuls tout le
poids des impôts , & à vous écrafer de leurs titres
& de leur orgueil ? Que vos états ne redoutoient
que l'inftant où ils devroient vous rendre compte
de leur adminiftration ? Comment n'avez-vous pas
vu que vos divers tribunaux ne vouloient que fe
maintenir dans le droit exclufif de s'envelopper
de formes ténébreufes pour y cacher leur igno-
rance & leurs iniquités ?

Toutes ces caftes monftrueufes , moines , nobles , états , magiftrats , tous avoient un intérêt
réel à vous tromper , & c'étoit entre leurs mains
que vous remettiez votre fort.

Crumpipen faifoit mouvoir à fon gré toute

ces vieilles machines, qui n'avoient d'impofant que la rouille de l'antiquité : il avoit acheté *Vandernoot*, & par fon canal, il dirigeoit toutes les opérations de vos doyens. Son frere le chancelier, remuoit le confeil de Brabant, en paroiffant s'en féparer. La nobleffe étoit vendue à la cour ; l'évêque d'Anvers, créature de Crumpipen, le fourbe Van-Eupen, le fecrétaire Duvivier, étoient chargés d'endoctriner le foible archevêque de Malines, & par lui tout un clergé intéreffé à l'imiter.

Voulez-vous des preuves de cette connivence ? les faits vous parleront.

Ce que vous appelliez fermeté dans Vandernoot & l'évêque d'Anvers, n'étoit que la certitude qu'ils avoient d'être foutenus par la cabale du gouvernement, qui dans le moment où ils s'expofoient trop, leur faifoit donner à temps des avis falutaires.

Lorfque votre prétendu congrès a été en poffeffion de tous les papiers du ci-devant gouvernement, lorfqu'il les a rendus publics, en avez-vous vu paroître un feul qui compromît férieufement les Crumpipen ? Cependant Van-Eupen a eu entre les mains une de leurs caiffes fecretes.

Je ne vous parlerai point du contrebandier Feltz ; je ne vous rappellerai point les petites boites de bonbon, les fucres, les caffés, les toiles, que fa douce amie, la foi-difant princeffe d'Orange, lui faifoit paffer fous l'enveloppe des papiers du ci-devant gouvernement.

Mais, Belges ; rappellez-vous qui a négocié à Reichenbach, qui a négocié à la Haye...Ouvrez les yeux, & reconnoiffez fous le voile de vos états, de vos privilèges, qui ne font que des fardeaux pour vous, reconnoiffez l'hydre des Crumpipen, qui vous flatte, qui vous cajole, pour vous faire rentrer dans les fers de la maison d'Autriche, & les river à jamais sur vous.

N'entendez-vous pas déjà la voix de vos tyrans, n'osent-ils pas, même en présence de vos libérateurs, annoncer hautement le rappel de la maison d'Autriche, & avec elle toutes les horreurs du régime féodal?

Servir vos états, servir vos moines, c'est servir les Crumpipen, dont ils sont les satellites. Rappellez, si vous l'osez, les Autrichiens, ou plutôt les Crumpipen, car ce sont là vos maîtres. Qu'importe à l'Autriche, qui ne vous connoit pas, que vous soyez heureux, pourvu qu'elle voye tous les ans entrer dans ses coffres, les millions qu'elle pressure du fruit de vos sueurs? Mais avant de les rappeller, songez à vous débarasser des armées Françaises, songez qu'elles n'auront pas chassé les Crumpipen de ces provinces, pour les y voir rentrer avec plus d'audace & profiter de vos richesses, & de votre aveuglement pour tramer de nouveaux complots contre la France.

Belges, je ne vous flatte point, ceux qui vous flattent ne veulent que vous tromper. Je vous ai vu frémir au seul nom de Crumpipen, & cependant ce sont les Crumpipen que le peuple adore sous le nom de Vandernoot, leur imbécille agent.

Malheureux Belges, voulez-vous devenir les jouets du monde entier? Reprenez votre antique énergie... Vos peres qui vous ont transmis tant de gloire par leur noble fermeté à résister aux usurpations des tyrans, ne l'ont point acquise pour soutenir le régime féodal, c'étoit pour l'écraser qu'ils combattoient ; les moines & les nobles n'entroient pour rien dans ces grandes querelles. Ne vous en rapportez qu'à vous mêmes, c'est à vous à profiter des leçons de l'expérience. Votre sort est entiérement entre vos mains.

L'aurore de la liberté luit sur nous, nous sommes libres. Songeons donc à l'usage que nous allons faire de cette liberté & pour nous en rendre dignes & pour la conserver.

Nous devons ce bien inestimable à la nation généreuse qui vient de se lever avec tant d'éclat pour le bonheur de l'univers. Les Français nous ont apporté une nouvelle existence. Regardons-les donc comme nos amis, respectons-les comme nos bienfaiteurs, & pour leur témoigner plus hautement notre reconnoissance, *songeons qu'ils nosent pas nos maîtres.*

Les Français, qui par leur seule énergie, par la connoissance de leur force se sont déclarés libres, se sont en même-temps empressés de proclamer les droits de toutes les nations. Ils ont dit d'après ce principe qu'ils ne feroient jamais de conquêtes. Ainsi ce ne sont point des fers que leurs armes nous apportent, c'est leur puissante protection qu'ils nous offrent.

Ils ont solemnellement reconnu l'indépendance des opinions, nous ne devons donc pas craindre qu'ils veuillent nous faire adopter leurs loix ; mais leurs écrits lumineux pourront guider nos pas dans la carriere où nous entrons.

Revenons toutefois à une objection qu'ont déjà faite les ennemis de la nation Française & les nôtres.

Les Français, dit-on, ayant vaincu la maison d'Autriche, peuvent se croire autorisés à succéder à sa souveraineté prétendue. Citoyens, regardez comme ennemis publics ceux qui vous tiennent ce langage. La France n'a-t-elle pas reconnu ce principe sacré, qu'aucun individu ne peut avoir de droit héréditaire sur une nation, qu'un peuple ne peut être la propriété de personne, que la souveraineté réside essentiellement dans la collection de tous les individus de la société ? Les Français en forçant la maison d'Autriche d'évacuer la Belgique, favent bien qu'ils ne l'ont dépouillée que d'un droit abfurde, & fi le titre eft nul, la conquête qu'ils en ont faite ne lui donne pas plus de valeur.

Mais n'eft-il point à craindre, ajoute-t'on, que la politique ne la faffe déroger à ce principe? Belges! quand une nation s'eft montrée avec cette nobleffe de caractere qu'a déployé la nation françaife, fa feule politique eft la franchife, elle dit hautement ce qu'elle a deffein de faire ; cherchons à la juger par fa conduite, & pour la mieux con-connoître, efquiffons en peu de mots l'hiftoire des événemens de cette année.

La France ne s'occupoit qu'à détruire chez elle la mémoire honteufe des préjugés féodaux, elle déclaroit qu'elle vouloit vivre en paix avec fes voifins, & vous l'avez vu, Belges, les defpotes armoient pour éluder des traités que la France refpectoit.

Nos neveux feront fans doute étonnés que dans un fiecle qu'on peut appeller le berceau de la raifon humaine, parce que c'eft dans ce fiecle que la généralité des hommes a commencé à réfléchir fur fa nature ; nos neveux feront étonnés qu'on ait ofé mettre en problême, fi l'homme étoit en effet un être libre, comme fi la raifon & la liberté pouvoient fe comprendre l'une fans l'autre. Tout homme qui fent qu'il eft un être raifonnable, fent en même-tems qu'il eft libre : raifon n'eft autre chofe que liberté de choifir.

Ces vérités fi fimples, qu'il eft même puéril de vouloir les expliquer, ont cependant trouvé des contradicteurs. On peut pardonner à ces nobles, à tous les gens titrés ou mîtrés ou croffés, d'avoir voulu faire paffer pour des principes des préjugés qui leur étoient favorables. Mais que des hommes qui ne pouvoient efpérer de ces préjuges que le titre d'humbles ferviteurs des grands, s'avifent de les défendre, mais qu'on s'honore du nom de royalifte, c'eft ce que la raifon ne peut concevoir, c'eft ce qui ne peut s'expliquer, qu'en fuppofant que mue uniquement par la crainte ou par l'intérêt, cette claffe d'hommes croit ne pouvoir fe foutenir par elle-même & cherche un appui étranger, appui fouvent auffi fragile ou même plus fragile que la gent moutonniere qui treffaillit à fa voix. Cette claffe d'hommes, fi elle mérite ce nom, ne doit être déformais regardée qu'avec le mépris qu'infpire fa foibleffe.

C'étoit cependant là l'ennemi intérieur contre lequel la France devoit réunir toutes fes forces, toute fa vigilance, ennemi toujours abattu, toujours renaiffant au moindre efpoir que fes maitres lui donnoient & qui employoit mille rufes pour fuppléer au courage qui lui manquoit.

Des yeux clairvoyans percerent ce myftere d'iniquités, ils en fuivirent la chaîne ; ils virent que les coups les plus violens venoient du dehors, mais que la trame de cette confpiration infernale étoit ourdie dans le château même des Thuileries, & que les rayons s'étendoient jufques dans les cabinets d'Allemagne, quoiqu'ils fe cachaffent encore fous des proteftations pacifiques. Le point de correfpondance étoit Bruxelles & non Coblentz, Bruxelles où s'étoient fixés les Merci, les Brêteuil, dont les complots étoient bien plus dangereux que le donquichotifme des princes émigrés, c'étoit à Bruxelles que Lafayette envoyoit fes émiffaires.

Que feroient devenus tous les peuples, fi ces crimes préparés avec tant d'art, avoient eu le fuccès que la lâcheté & la trahifon devoient leur affurer ? Mais de vrais citoyens avoient envifagé cet abime, & en avoient de fang-froid fondé la profondeur.

Dumouriez parvint au miniftere des affaires étrangeres, il connut que pour mettre la trame dans tout fon jonr, il falloit déclarer la guerre, qu'il n'y avoit pas un inftant à perdre, il la déclara, ce fut le falut de la France & de l'Europe.

Quelle trifte fcène s'ouvrit tout-à-coup aux regards étonnés des amis de la liberté ! La France fe trouvoit fans troupes, fans armes, fans munitions. L'affemblée nationale avoit fait ce qui étoit en elle pour fe préparer à une guerre que depuis trois ans il étoit facile de prévoir, mais l'intérêt du Roi qu'elle avoit fi généreufement confervé, n'étoit pas l'intérêt de la nation. Quel homme digne de ce nom, n'a pas mille fois frémi pour les français en voyant de foibles armées fans difcipline, fans chefs, facrifiées par la trahifon, déshonorées par l'intrigue, obligées de céder à un ennemi qui toutefois n'a jamais remporté fur la France un avantage dont il puiffe fe glorifier !

Que les autrichiens, que les pruffiens citent un feul fuccès dont ils puiffent tirer vanité ! fera-ce la déroute de Mons, la fuite de Tournay, le combat fanglant de la Grifuelle ? Ceux qui oferent alors attaquer les français, favoient bien qu'ils n'avoient rien à en redouter.

Ces triftes événemens firent voir à toute la France dans quel piege elle étoit tombée ; mais il falloit des preuves pour achever d'éclairer les efprits foibles, ces preuves n'exiftoient qu'au château des thuileries ; on s'y tranfporta le 20 juin.

Non : cette journée ne fut pas l'opprobre de la France. Cette journée au contraire fut le triomphe de la modération de ce peuple, il en fut cruellement payé. S'il eût exécuté paifiblement le 20 juin ce qui lui coûta tant de fang le 10 août, la Champagne ne fe feroit pas vûe couverte de ces nuées d'affaffins qui l'ont dévaftée, les pruffiens n'auroient point ofé fe mettre **en** marche, & l'hiftoire ne rougiroit pas d'avoir à raconter l'incendie de Lille.

Les defpotes attribuerent à la force de leurs partifans intérieurs ce qui n'étoit dû qu'au refpect que les Français portoient encore à leur idole conftitutionnelle, qu'ils croyoient plus foible que coupable : l'orgueil des defpotes s'accrut lorfqu'ils virent quelques adminiftrations de départemens, ou peu inftruites des motifs de la démarche du 20 Juin, ou influencées par le chef du parti feuillantin-royalifte-autrichien, défaprouver hautement la conduite du peuple de Paris. La Fayette heureufement s'imagina qu'il n'avoit plus qu'à fe montrer pour être le héros de la France entiere, mais Dumouriez l'obfervoit de ce camp de Maulde, d'où La Fayette avoit voulu le contraindre de fortir. Le voyage inconfidéré que La Fayette fit à Paris, fut fa perte; tous les Français ouvrirent les yeux fur fes intrigues. Les vrais patriotes fe refferrerent, ils virent qu'il étoit tems d'agir. Les armées combinées s'avançoient : La Fayette fut dénoncé comme un lâche; l'impudence avec laquelle il ofa faire arrêter les commiffaires de la nation, fa fuite honteufe, le défordre où il laiffa fon armée à la merci des ennemis, ne juftifierent que trop fes accufateurs.

La journée du 10 août avoit confondu, atterré tous les perfides; les papiers trouvés aux Thuilleries atteftoient tous leurs crimes, & la France fut fauvée. Il en coûta du fang fans doute. Fatales époques des 2 & 3 feptembre, fcènes tragiques de Verfailles, que n'eft-il permis de vous arracher des faftes de la révolution française! Ce ne fut pas toutefois la nation qui les commit ces crimes, peut-être juftes dans leur caufe, injuftes dans leur exécution ; mais dans la douleur il eft fi facile de s'égarer! La nation française défefpérée de tant de trahifons, croyant en voir encore dans la lenteur qu'on apportoit à la venger, n'eut pas la force de prévenir ces fanglans excès.

Une foible armée de 18 à 20,000 hommes étoit la feule reffource contre une maffe formidable à qui on avoit ouvert les portes de la république, en lui livrant les fortereffes de Longwi & de Verdun. Apprenez, cependant, ô Belges! ce que peut le courage dans l'excès du malheur. La France ne répondoit aux manifeftes abfurdes de Brunfwick, qu'en décrétant l'abolition de la royauté; elle ne répondoit à fes menaces qu'en organifant paifiblement fa convention nationale, compofée en grande partie de ces mêmes hommes que le defpotifme vouloir profcrire. Dumouriez, fans fe déconcerter, forçoit la nature & les rochers du Mont-Dieu, pour tranfporter fur le paffage des Autrichiens & des Pruffiens l'artillerie qui devoit les arrêter.

Cependant les frontieres du nord étoient dégarnies de leurs défenfeurs. Ce camp de Maulde, la terreur des Autrichiens, n'exiftoit plus; Belges! vous avez entendu les cris de victoire que les defpotes hurloient, vous leur avez vu préparer fous vos yeux dans leur rage infolente, ces feux qui alloient réduire en cendres une ville fuperbe, remplie de vos freres, de vos parens. Lille eft un des ornemens de la Belgique. Vous avez pu entendre les tonnerres qui la foudroyoient; vous avez lu les détails orgueilleux des dévaftateurs de la Champagne. Ils vous menaçoient déjà vous-mêmes; ils vous regardoient déjà comme leur proie, lorfque vous avez appris de la bouche de vos maîtres que l'armée de la liberté, bloquée de toutes parts, étoit prête à dépofer fes armes aux pieds des efclaves qui l'affiégeoient.

Rappellez-vous , si déjà votre joie n'a pas fait disparoître jusqu'aux dernieres traces de ces lugubres idées, rappellez-vous s'il est possible les derniers jours de septembre. Je ne l'ai que trop senti. Que ces jours durent être tristes pour tous les hommes! & cependant..... déjà la scène étoit changée.

L'orgueil du despotisme se tait tout à coup & paroit incertain dans sa marche. Ses foudres ne grondent plus sur Lille. Les prétendus vainqueurs combinés ne paroissent plus avoir la même activité. Les Autrichiens, les Prussiens, les Hessois, ces essaims d'Emigrés armés contre leur patrie , tous paroissent étonnés, ils reculent, ils fuient , ils regagnent en désordre les repaires du despotisme. Ces repaires ne les mettent plus à l'abri des coups des Français. Le drapeau tricolore , trop long-tems l'objet de leurs railleries & de leur dédain, est arboré sur les remparts de Worms, de Spire , de Mayence , de Francfort; on fuit de Coblentz, on tremble dans la Hesse ; Ratisbonne n'ose plus prononcer ; ce drapeau sacré est élevé au haut des Alpes & sur les rochers qui bordent la Méditerranée ; déjà la Toscane le respecte, le Vatican frémit de rage ; l'Espagne a quitté son ton menaçant , la Suisse accepte des paroles de paix ; déjà les remparts de Mons , témoins de son déshonneur, le font de sa gloire ; les Autrichiens sont forcés dans des retranchemens inaccessibles à tous autres qu'à des Français ; le drapeau tricolore est déployé sur les murs de Mons , & la Belgique est libre. L'armée jadis invincible des Autrichiens , ose à peine traverser les rues de Bruxelles.

Les flots de la Meuse & de l'Escaut deviennent libres à leur voix. Anvers, ville superbe , depuis deux siecles la victime de la politique tortueuse des despotes : les François paroissent , tu recouvres ton ancienne fplendeur. Tombe aux pieds de tes bienfaiteurs ; honore la raifon qui brife tes fers ; fonge que les principes que tu as fuivis jufqu'ici font les feules caufes de ta ruine. Anvers, l'Efcaut eft libre.

Freres ! Amis ! Eft-ce un rêve, eft-ce une fable, eft-ce un prodige? Nous l'avons tous vu ; nos parens ont participé à tant de gloire : c'eft l'œuvre de la liberté.

Année 1792, année premiere de l'Ere Françaife, année premiere de la liberté Belgique, je te falue, tu feras dans les faftes futurs, l'année premiere qu'on fe plaira à nommer.

Année 1792, ce n'eft point par l'éclat des victoires des Français que tu feras célèbre, mais tu feras l'année unique par l'hiftoire de leur conduite dans la profpérité. C'eft en cela qu'eft le vrai prodige; ce n'eft pas la foif de la vengeance qui guide actuellement les français ; ils font vainqueurs, ils n'ont plus d'ennemis que ceux qui feront affez hardis pour les attaquer. Le changement d'état n'a point changé leur caractere. Ennemis des tyrans armés, ils font les amis de tous les hommes qu'ils ont déclarés leurs égaux. Ils ne font féveres qu'aux defpotes; ils n'apportent que des bienfaits aux peuples qu'ils délivrent.

Ecoutons leur langage, écoutons Cuftine parlant aux habitans de Mayence ; mais fans nous arrêter au difcours d'un feul citoyen, écoutons la nation entiere parlant par l'organe de fes repréfentans ; parcourons le rapport que le citoyen la Source, au nom du comité diplomatique, a prononcé à la convention nationale à la féance du 24 Octobre, relativement à l'entrée des français en Savoye. Saififfons-en les traits les plus faillans, & jugeons fans prévention ces libérateurs que la Belgique rougiroit un jour, mais trop tard, d'avoir laiffé calomnier dans d'infames libelles.

N'accusons pas nos freres de Louvain ; je ne les crois pas capables de cette horreur au moment même de leur délivrance ; c'est un reste de fiel que la rage autrichienne a versé sur son passage.

Mais écoutons le citoyen la Source.

" Faites : dit-il aux législateurs du peuple français, faites que les généraux de la république française ne puissent jamais déployer un pouvoir tyrannique , que dans la salutaire impuissance d'être les oppresseurs d'un seul homme, ils soient forcés d'être les protecteurs de tous. Pour les mettre dans cette position, vous avez trois mots à prononcer ; ils auront trois ordres à suivre : *sûreté pour les personnes, respect pour les propriétés, indépendanse des opinions.* ,,

Belges, je vous interpelle tous, les français ont-ils mis ces maximes en pratique ? Qui de vous peut se plaindre d'avoir été outragé dans sa personne, qui se plaint qu'on ait violé sa propriété, qui se plaindra qu'on a violenté son opinion ?

Oui sans doute on la violente, entends-je d'ici bourdonner à mes oreilles de tous les carrefours de la ville. Les français accordent exclusivement leur protection à l'un des partis qui nous divisent au détriment de l'autre ; si ce parti favorisé faisoit le plus grand nombre, nous nous tairions, mias il est le plus foible, & puisque c'est un principe chez les français que la volonté générale exprimée par la pluralité des suffrages doit être regardée comme la loi suprême , qu'ils laissent donc un libre cours aux opinions.

Mes amis, je présente l'objection dans toute sa force , je vous demande un moment d'attention.

Celui qui voit glisser un enfant sur le bord d'un abime dont il ne connoit pas la profondeur, & qui d'une main ferme l'arrache à ce danger, est-il son tyran pour l'avoir sauvé ?

Celui qui voit un frénétique armé d'un couteau

à

à deux tranchans , courant çà & là pour le plon-
ger dans le sein de tous ceux qu'il reucontre &
en faisant essai sur lui-même, celui qui l'arrête-
roit seroit-il un tyran, parce qu'il enchaîneroit ce
fanatique dans l'espoir de le ramener à la raison ?

Belges! je prends devant vous l'engagement
le plus formel de vous prouver que ceux qui
restent attachés aux vieilles maximes, ressemblent
à cet enfant qui va se perdre, si on l'abandonne
à sa destinée.

Je prends devant vous l'engagement formel
de vous prouver que celui qui arme la main du
double glaive de l'aristocratie & du fanatisme, est
ce frénétique que la raison a droit d'enchaîner ,
jusqu'à ce que l'accès de sa rage soit passé.

Cette tribune est ouverte indistinctement à tous
les citoyens. C'est ici la véritable arène où toutes
les opinions doivent se combattre, au nom de
la société des amis de la liberté & de l'égalité ,
qui surement ne démentira pas ma promesse ; je
promets sureté , respect & silence pour quiconque
voudra y soutenir telle opinion que ce soit. Je
promets en mon particulier & j'en prends à té-
moin toute la société de ne pas m'offenser des
personnalités, & de ne répondre même aux invec-
tives que par les armes de la raison.

Je pose en fait qu'il est de la plus grande équité
que les Français , obligés par le droit de la nature
de veiller à leur sureté, doivent surveiller la conduite d'un parti qui ose les menacer du rappel
des Autrichiens, des Prussiens, leurs plus cruels
ennemis. Je pose en fait que les Français , par
leur seule qualité d'êtres raisonnables, ont le droit
d'arrêter, d'enchaîner cet enfant, ce frénétique,
non pour l'empêcher d'émettre son opinion , mais
pour l'empêcher de nuire aux autres ou à lui-même.

Et dans quel tems sur-tout, la justice leur ordonne-t'elle impérieufement de tenir cette conduite ? Reprenons le difcours du citoyen la Source.

,, Les révolutions font le fommeil des loix ; lorf-qu'elles arrivent, des mouvemens produits par des paffions viles, fe mêlent au mouvement général que produit la fublime paffion de la liberté ; les haines individuelles fe joignent à la haine des tyrans, la férocité des monftres à la colere des hommes, & les poignards des affaffins à la maffue des peuples. Une révolution n'eft fouvent enfan-glantée que par les crimes qui fe couvrent de fon manteau, & ce que l'opinion & l'hiftoire met-tent fur le compte des nations, n'eft que l'œuvre fourdement méditée de quelques fcélérats obfcurs, qui en font à la fois l'opprobre & le fléau. Epargnez aux fcélérats des crimes, aux hommes féduits des erreurs, aux patriotes ardens des excès, aux peuples du fang & de la honte. Que votre pro-tection adminiftrée par les généraux de la répu-blique fupplée à la loi qui fe taira momenta-nément, ou plutôt la faffe parler & la maintienne, jufqu'à ce que le vrai, le feul fouverain, le peuple entier la modifie ou la change.

,, Jufqu'alors nul individu, nul parti, ne peut ufurper le droit de fe faire juftice à lui-même. L'em-pêcher, citoyens, ce n'eft pas porter atteinte à la liberté ; c'eft la fervir. Quiconque verroit dans la fureté des perfonnes un obftacle à la révolution, une entrave à l'élan des peuples vers la liberté, prendroit crime pour infurrection, brigandage pour révolution, licence pour liberté, & s'il n'étoit le plus ignorant, il feroit le plus odieux & le plus exécrable des hommes.

,, Par quelle fatalité faudroit-il que la liberté fût précédée du défordre, comme le monde par le cahos, ou comme le calme des mers par les hor-reurs des tempêtes ? Ne pourroit-elle pas une feule fois naître dans le fein de la paix, & fortir pure de fon berceau? Cette divinité fi douce, fi bienfaifante ne peut-elle jamais recevoir pour premier acte de fon culte, que des facrifices de fang humain.

„ Les révolutions même les plus falutaires ne favorifent pas moins les voleurs que les affaffins. La faim du carnage & de l'or font fouvent dans le même cœur. Celui qui frappe d'une main faifit de l'autre, quand il ne peut faifir qn'en frappant ; il égorge pour dépouiller : il n'enfonce le poignard que pour fe frayer un chemin & pour aller au pillage par la terreur & le fang. La trop grande inégalité des fortunes peut être un vice de l'état focial, mais le pillage eft toujours un crime."

Belges! que deviendrions-nous ? je vous le demande. O! mes concitoyens que deviendrions-nous, fi abandonnés à nous-mêmes, nous voyions fe réalifer fous nos yeux ce tableau lugubre, hélas trop véritable! Liberté fainte, divinité que j'invoque! égalité facrée, mere de la fraternité & de toutes les vertus; Français, fes miniftres & fes organes, détournez de nous ces horreurs qui grondent fur nos têtes, que votre furveillance active arrête le crime fans ceffe prêt à s'échapper.

Et nous membres de cette fociété augufte, nous qui les premiers avons élevé ce temple à la liberté & à l'égalité, fommes-nous bien perfuadés que ces deux vertus ne peuvent fe foutenir que par le courage? Demeurerons-nous immobiles quand il faut agir? Je ne vous invite point à menacer nos ennemis, mais à prouver que nous ne les redoutons pas : le crime veille, nous livrerons-nous au fommeil ? Si les français n'avoient été grands que dans leurs tribunes, fi tous nos freres s'étoient contentés de les admirer, ferions-nous libres?

Les Français ont déclaré dans leurs tribunes

qu'ils vouloient être libres ; mais c'eſt dans les plaines de Champagne, en emportant les redoutes de Mons, en chaſſant devant eux les Autrichiens à Anderlecht, qu'ils ont prouvé qu'ils méritoient de l'être.

Pour nous rendre libres, ils ont oublié juſqu'au plaiſir d'aller goûter au ſein de leur famille les douceurs de la victoire ; pour nous ſeuls ils bravent les rigueurs de la ſaiſon ; pour nous ſeuls ils ont abandonné femmes, enfants, leurs intérêts les plus chers ; & nous, ſpectateurs immobiles de tant de vertus, nous pourrions dans un lâche repos jouir des fruits de leur victoire, du prix de leur ſang! Nous n'en ſerions pas dignes, l'armée des tyrans tonne encore autour de nous, allons ſoulager nos libérateurs dans leurs nobles exercices, allons apprendre ſous eux l'art de vaincre ; allons nous préparer à repouſſer avec eux les aſſauts dont on nous menace encore pour le printems prochain. Si nous ſommes vainqueurs, & nous le ferons, c'eſt le dernier combat que nous aurons à ſoutenir.

Je fais la motion que, conformément à celle qui a été faite hier par un de nos concitoyens & qui a été adoptée, tous les vrais citoyens inſcrivent ſur le champ leur nom, pour former une Garde non ſoldée. Les hommes libres n'ont pas beſoin d'autoriſation pour ſe revêtir des armes néceſſaires à leur ſureté.

J. F. BARET